Ulrike Pflüger-Scherb (Texte)
Jörg Lantelmé (Fotos)

Die Wilhelmshöhe

Bergpark, Schloss und Herkules

deutsch english français

Wartberg Verlag

Englische Übersetzung: Anja Reuthe
Französische Übersetzung: Patrick Piens

1. Auflage 2011

Satz und Layout: Designbüro Gerald Halstenberg, Berlin
Druck: Bernecker MediaWare AG, Melsungen
Buchbinderische Verarbeitung: Buchbinderei Büge, Celle

34281 Gudensberg-Gleichen, Im Wiesental 1
Telefon: 0 56 03 - 9 30 50
www.wartberg-verlag.de
ISBN 978-3-8313-2310-4

Vorwort

Mehr als zwei Millionen Menschen besuchen jährlich Europas größten Bergpark in Kassel. Mit dem Herkules-Bauwerk, den Wasserkünsten, der Löwenburg, dem Schloss Wilhelmshöhe, vielen weiteren Bauwerken und seiner Pflanzenvielfalt zählt der 240 Hektar große Bergpark Wilhelmshöhe zu den schönsten Anlagen seiner Art weltweit. Der deutsche Kunsthistoriker Georg Dehio sagte über den Bergpark Wilhelmshöhe, dass er „… vielleicht das Grandioseste“ sei, „was irgendwo der Barock in Verbindung von Architektur und Landschaft gewagt hat.“

Dieser Bildband zeigt die Schönheit des Bergparks, die Verbindung von historischen Anlagen mit der Natur, in all seinen Facetten. Die Kasseler wollen ihren Berpark zum schützenswerten Unesco-Weltkulturerbe erklären lassen. Dieser Titel wäre das schönste Geschenk, das die Stadt im Jahr 2013 zu ihrer 1100-Jahr-Feier bekommen könnte.

Foreword

Every year, more than two million visitors come to see Europe's largest mountain pleasure park, the Bergpark Wilhelmshoehe in Kassel. As one of the world's most appealing public parks it spreads over 240 hectare and displays the Hercules monument, the Wasserkuenste, the Loewenburg, the Wilhelmshoehe palace and many other buildings as well as an exceptional diversity of plants. The German art historian Georg Dehio considered the Bergpark Wilhelmshoehe to be "the most grandiose" that "has ever been dared in creation and as a combination of architecture and landscaping in Baroque style".

This illustrated book shows the beauty of the Bergpark, the integration of historical sites and nature in its entire complexity. The people of Kassel would like their Bergpark to become a UNESCO world heritage site. This title would be the greatest gift the city could receive on the occasion of the 1100 anniversary celebration in 2013.

Introduction

Plus de deux millions de personnes visitent chaque année le Berg Park de Kassel qui est le plus grand parc de montagne d'Europe. Ce parc de 240 hectares, comprenant l'ouvrage de Hercule, les fontaines, le château fort du Lion, le château Wilhelmshoehe, de nombreux autres édifices, le jardin paysagé, est connu pour être un des plus beaux ensembles de sa catégorie au monde. Georg Dehio, historien de l'Art allemand disait à son propos qu'il serait «peut-être l'œuvre la plus grandiose que le Baroque ait jamais créée nulle part en matière d'architecture et de paysage».

Ce livre-photos vous fait découvrir la beauté de ce parc, le lien étroit entre sites historiques et la nature sous toutes ses facettes. Les habitants de Kassel souhaitent que leur parc soit reconnu au Patrimoine Mondial Culturel de l'UNESCO. Ce titre serait la plus belle récompense que pourrait obtenir la ville pour la fête de célébration de ses 1100 années d'existence, prévue en 2013.

Aus der Geschichte des Bergparks

Die barocke Anlage des Bergparks entstand Anfang des 18. Jahrhunderts unter Landgraf Karl. Während einer Italienreise war er auf die Idee gekommen, den Karlsberg terrassenförmig gestalten zu lassen. So wurde der italienische Architekt Francesco Guerniero mit der Errichtung des Herkules beauftragt. Entsprechend des feudalen Geschmacks des Barocks schufen der Landgraf und sein Baumeister eine Wasserachse, die erstmals im Juni 1714 mit Wasserkünsten der Öffentlichkeit präsentiert wurde.

Eine große Umbau- und Erweiterungsphase begann unter der Regentschaft Landgraf Wilhelms IX., der spätere Kurfürst Wilhelm I. von Hessen-Kassel, im Jahr 1785. Der strenge Barock musste englischer Natürlichkeit bei der Gestaltung von Parkanlagen weichen. Ab 1785 entstanden unter Baumeister Heinrich Christoph Jussow die Löwenburg (1793–1800), der Lac (1785–1791), und die Wasserspiele wurden durch Bauwerke wie den Fontänenteich erweitert.

Kurfürst Wilhelm I. ließ auch das Schloss Weißenstein abreißen und nach den klassizistischen Entwürfen des Baumeisters Simon Louis du Ry neu errichten. Das Schloss entstand in mehreren Etappen. Seine geschlossene Form erhielt es erst unter Kurfürst Wilhelm II. (1821–1831), der den Mittelbau mit dem Weißensteinflügel und dem Kirchflügel verbinden ließ. Der Mitteltrakt des Schlosses wurde 1945 bei einem Bombenangriff auf Kassel zerstört. Beim Wiederaufbau (1968 und 1974) wurde auf die Rekonstruktion der Kuppel, die das Schloss einst krönte, verzichtet. Seit dieser Zeit wird das Schloss als Museum für die Gemäldegalerie und die Antikensammlung benutzt.

Während Schloss und Park früher den Landgrafen und Kurfürsten von Hessen-Kassel, den preußischen Königen und deutschen Kaisern als Sommerresidenz dienten, kommen heutzutage pro Jahr mehr als zwei Millionen Menschen, um die vielen Sehenswürdigkeiten in Europas größtem Bergpark bewundern zu können.

The history of the Bergpark

The Bergpark was created as a baroque park in the beginning of the 18th century by landgrave Wilhelm IX of Hesse-Kassel. His travels to Italy inspired him to a terraced design on the Karlsberg. Thus, the Italian architect Francesco Guerniero was asked to build the Hercules monument. According to the feudal fashion of the baroque era both the landgrave and the architect created a long set of cascading waterfalls and fountains that was opened to the public in 1714 for the first time.

In 1785 the landgrave Wilhelm IX, later elector Wilhelm I of Hesse-Kassel, initiated an era of transformation and expansion. The stiff baroque style had to give way to an English naturalism in the design of the park. In 1785 the architect Heinrich Christoph Jussow started building the Loewenburg (1793–1800), the Lac (1785–1791) and structures like the pond of fountains were added to the cascades and already existing fountains.

A propos d'histoire

The elector Wilhelm I of Hesse-Kassel decided to demolish the Weissenstein palace in order to re-erect it in neo-classical style according to plans of the architect Simon Louis Ry. The palace was built over several periods. Only under the elector Wilhelm I of Hesse-Kassel it got its final closed cohesive shape in 1821–1831. He joined the central building, Weissenstein-wing and church wing into one building complex. The central section of the palace was destroyed in bombardments of Kassel during the war in 1945. It was rebuilt in 1968 and 1974 although the reconstruction of the former dome on top of the palace was forgone. From this time the palace was turned into a museum for the art gallery and the Antiquities Collection.

Whilst the palace and the park formerly served as a summer residence for the landgraves and electors of Hesse-Kassel, the Prussian kings and German emperors, it is nowadays the delight of over two million visitors per year wanting to see the many sights in Europe's largest Bergpark.

Le site baroque du Parc de Montagne a vu sa création au début des années 1800, sous le règne du Landgrave (Comte) Karl. C'est au cours d'un voyage en Italie que lui est venue l'idée de faire établir en forme de terrasses le Karlsberg. C'est ainsi que l'architecte italien Francesco Guerniero fut chargé d'ériger la statue d'Hercule. Pour être en adéquation avec le goût féodal de l'art baroque, le Comte et son maître d'œuvre construisirent une chute d'eau qui fut révélée au public pour la première fois en juin 1714, par des jeux d'eau.

Il s'ensuivit une grande phase de transformation et d'agrandissement sous le règne du Prince Electeur Guillaume IX, Guillaume 1e, le futur Régent de Hessen Kassel en 1785. La rigidité du baroque dut être adoucie par la création de jardins anglais. A partir de 1785 furent créés par l'architecte Heinrich Christoph Jussow, le château fort du Lion (1793–1800), le lac (1785–1791) et les jeux d'eau furent agrandis par l'étang des fontaines.

Guillaume 1e fit également démolir le château Weissenstein et le fit reconstruire sur les conseils plus classiques de l'architecte Simon Louis de Ly. Le château fut créé en plusieurs étapes. Sa forme circulaire fermée s'éleva d'abord sous Guillaume II (1821–1831) qui relia le corps principal avec l'aile dite Weissenstein («pierre blanche») avec l'aile de l'église. Le corps principal du château fut détruit en 1945 par un bombardement. Lors de la reconstruction (de 1968 à 1974) la coupole qui couronnait le château fut consolidée. C'est depuis cette époque que le château a été reconverti en un musée, réunissant peintures et antiquités.

Alors qu'autrefois le château et le parc étaient une résidence d'été pour les Landgraves, premiers de la région de Hesse, les rois prussiens et les empereurs allemands, ils attirent aujourd'hui, et ce chaque année, plus de deux millions de visiteurs qui peuvent s'extasier devant les attractions du plus grand parc d'Europe.

Blick über das Schloss auf die Wilhelmshöher Allee.

View over the palace towards the Wilhelmshoeher Allee.

Vue sur le château et l'allée de Wilhelmshoehe.

An diesem Ort stand ein Augustinerinnen-Kloster, jagte Landgraf Moritz, schaffte sich Kurfürst Wilhelm I. ein prachtvolles Denkmal, residierte König Jérôme Bonaparte und verbrachte die deutsche Kaiserfamilie ihre Sommerferien. Das Schloss Wilhelmshöhe, das in 285 Meter Höhe das Herzstück des Bergparks bildet, steht an einem geschichtsträchtigen Platz. Dort, wo im 12. Jahrhundert das Kloster Weißenstein stand, ließ Landgraf Moritz von Hessen-Kassel in den Jahren 1606 bis 1610 ein Jagdschloss erbauen, aus dem sich von 1786–1798 das Schloss Wilhelmshöhe entwickelte. Heute lockt es jährlich Millionen von Menschen, die die Gemäldegalerie Alter Meister und die Antikensammlung besuchen.

With this particular palace the elector Wilhelm I of Hesse-Kassel set himself a magnificent monument. This is also the location where king Jérôme Bonaparte resided and the German imperial family spend their summer holidays. The Wilhelmshoehe palace, the core piece of the Bergpark, is located in a place of historical interest at an altitude of 285 metres. In the former place of the Weissenstein monastery from the 12th century the landgrave Moritz of Hesse-Kassel built a hunting lodge from 1606–1610 which developed into the Wilhelmshoehe palace later in 1786–1798. Nowadays it attracts millions of visitors per year due to its art gallery that displays the Old Masters and the Antiquities Collection.

L'Electeur Guillaume I, un magnifique mausolée où résida le Roi Jérôme Bonaparte et qui fut la résidence d'été de la famille impériale allemande. Le château Wilhelmshoehe, qui domine à 285 mètres au centre du Bergspark est érigé à un endroit chargé d'histoire. C'est à cet endroit qu'au XIIe siècle et où se tenait le couvent Weissenstein, que le Landgrave Maurice de Hesse Kassel fit construire entre les années 1606 et 1610 un pavillon de chasse, à partir duquel fut développé de 1786 à 1798 le Château Wilhelmshoehe. Aujourd'hui il attire chaque année des millions de visiteurs pour sa galerie de peintures de grands maîtres et sa collection d'antiquités.

mhk
pokal
der silberschatz
der landgrafen
21 mai bis
5. september
2010

Die Antikensammlung (Die Gemäldegalerie Alter Meister)

Der „Kasseler Apoll“, eine römische Marmorkopie einer griechischen Bronze, ist wohl das bekannteste Exponat der Antikensammlung. Etwa 1400 Objekte sind im Erdgeschoss des Schlosses ausgestellt. Sie geben einen Überblick über die Entwicklung verschiedener Kulturen aus der Antike. Gezeigt werden Funde aus ägyptischer, minoisch-mykenischer, griechischer, etruskischer und römischer Zeit.

The Antiquities Collection

The "Kasseler Apoll", a Roman marble copy of a Greek bronze statue is the most famous exhibit of the Antiquities Collection. The exposition on the ground floor of the palace comprises around 1400 pieces. They outline the history of different cultures of the Antiquity. There are discoveries of Egyptian culture as well as Mykenaean-Minoan, Greek, Etruscan and Roman pieces on display.

L'Exposition de Antiquités

«L'Apollon de Kassel» qui est une copie romaine en marbre d'un bronze grec, est certainement l'œuvre la plus connue de l'exposition des antiquités. Environ 1400 pièces sont exposées au rez de chaussée du château. Elles donnent une vision d'ensemble de l'évolution de différentes cultures à travers les siècles. Vous pouvez ainsi découvrir des pièces des époques égyptiennes, minoen-mycéennes, grecques, étrusques et romaines.

„Der Segen Jakobs“ ist das bekannteste der rund 400 Bilder, die in der Gemäldegalerie Alter Meister gezeigt werden. Rembrandt schuf das Ölgemälde im Jahr 1656, und Landgraf Wilhelm VIII. von Hessen-Kassel kaufte es 1753 für seine Gemäldegalerie auf Schloss Wilhelmshöhe an. Die Kasseler Gemäldegalerie mit ihrer über 500-jährigen Geschichte bietet auf drei Etagen Kunstgeschichte von der Spätgotik bis zum beginnenden Klassizismus.

“Der Segen Jakobs” is the most famous of the 400 paintings on display in the art gallery of the Old Masters. Rembrandt created this painting in 1656 and the landgrave Wilhelm VIII of Hesse-Kassel bought it in 1753 for his art gallery at the Wilhelmshoehe palace. The art gallery of Kassel has got a history of 500 years and displays various artwork on three different levels from the late Gothic era to the beginning of the classicism.

«La Bénédiction de Jacob» est le tableau le plus célèbre des quelques 400 que nous révèle la galerie de peintures anciennes. Rembrandt a réalisé cette peinture à l’huile en 1656 et le Landgrave Guillaume II de Hesse Kassel l’acquit en 1753 pour sa galerie des peintures de grands maîtres du château Wilhelmshoehe. La galerie de peinture de Kassel qui regroupe plus de 500 ans d’histoire propose, sur 3 étages une histoire de l’Art qui va du gothique ancien jusqu’au début du classicisme.

Vorbild für den Großen: Landgraf Karl sah bei seiner Italienreise (1699–1700) eine „Herakles Farnese"-Statue in Rom. Nach seiner Rückkehr ließ er das Herkules-Bauwerk errichten, das im Jahr 1717 vollendet wurde. Bei dem „Herkules Farnese" in der Antikensammlung handelt es sich um einen Gipsabguss einer römischen Kopie einer griechischen Bronze.

A model for the Hercules monument: During his travels to Italy (1699–1700) landgrave Karl saw a statue of "Herakles Farnese" in Rome. After his return he ordered the construction of the Hercules monument which was accomplished in 1717. The "Herkules Farnese" in the Antiquities Collection is a plaster cast of a Roman copy of a Greek bronze statue.

Origine du colosse. Le Landgrave Karl a vu, lors d'un voyage en Italie (1699–1700) une statue d'Hérakles de style farnèse à Rome. A son retour il entreprit la construction de son Hercule, qui fut achevée en 1717. En ce qui concerne le Hercule de Farnèse dans la collection d'antiquités, il s'agit d'un bloc de gypse d'une copie romaine d'un bronze grec.

Bei einer Führung durch die Gemäldegalerie zeigt eine Mitarbeiterin der Museumslandschaft Hessen Kassel (mhk) den Besuchern „Der Bohnenkönig II“ von Jacob Jordaens, einem der bedeutendsten Maler des flämischen Barocks.

During a guided tour through the art gallery a staff member of the “Museumslandschaft Hessen-Kassel” (mhk) explains the painting “Der Bohnenkoenig” by Jacob Jordaens, one of the most eminent artists of the Flemish Baroque.

Guidés à travers les galeries du musée par une employée du musée, les visiteurs découvrent le «Roi des Haricots II» de Jacob Jordaens, l'un des peintres les plus représentatifs du baroque flamand.

Staatliche
Museen

Das Schloss

The palace

Le château

Der stolze Bauherr ließ sich am Giebel des Schlosses mit einer Inschrift verewigen: Wilhelmus I. el condidit.

The proud constructor had his inscription put up onto the gable of the palace: "Wilhelmus I el condidit".

L'heureux propriétaire se laissa immortalisé par l'inscription : «Guillaume I, el condidit» sur le fronton du château.

Diese steinerne Weltkugel vor dem Schloss scheint älter als das Schloss zu sein, da auf ihr der Erdteil Australien fehlt.

The stone globe in front of the palace seems to be older than the palace itself because it is missing the continent of Australia.

Sur ce globe en pierre devant le château, qui parait plus ancien que le château lui-même, ne figure pas le continent australien.

Landgraf Wilhelm IX. von Hessen Kassel, der spätere Kurfürst Wilhelm I., ließ in den Jahren 1786–1790 den Südflügel des Schlosses errichten: Im Weißensteinflügel waren damals die Repräsentationsräume und die landgräflichen Gemächer untergebracht.

Landgrave Wilhelm IX of Hesse-Kassel, later elector Wilhelm I of Hesse-Kassel initiated the construction of the southern wing during 1786–1790: In those times it held the representation halls and the chambers of the landgraves.

Le Landgrave Guillaume IX de Hesse- Kassel fit ériger l'aile sud du château entre 1786 et 1790 : c'est dans l'aile Weissenstein que se trouvaient les salles d'audience et les appartements des Landgraves.

Eine einzigartige Sammlung von Möbeln und Accessoires kann heutzutage in 23 historischen Schlossräumen des Weißensteinflügels besichtigt werden. Sie geben einen Einblick in das höfische Leben zwischen 1760–1830.

23 of the historical palace rooms of the Weissenstein wing display a unique collection of furniture and accessories to visitors. They provide an insight into life at court from 1760–1830.

Une collection unique de meubles et d'accessoires est exposée de nos jours dans les 23 salles chargées d'histoire du château. Ils nous donnent un aperçu de la vie de Cour entre 1760 et 1830.

Der Thronsaal im Weißensteinflügel: An diesem exklusiven Ort finden heutzutage auch Trauungen statt.

The throne room in the Weissenstein wing: Nowadays couples are getting married in this exclusive location.

La salle du Trône dans l'aile Weissenfluegel : en ce lieu exclusif se déroulent également de nous jours des cérémonies de mariage.

Der steinerne Löwe residiert vor dem Flügel, in dem heutzutage die Verwaltung der Museumslandschaft Hessen Kassel (mhk) untergebracht ist.

The stone lion resides in front of the wing where the administration of the "Museumslandschaft Hessen-Kassel" (mhk) is located nowadays.

Le Lion de pierre siège devant l'aile qui abrite aujourd'hui la Direction des Musées Nationaux de Hesse-Kassel.

Die Kapelle im Schloss Wilhelmshöhe ist als einziger historischer Raum im Kirchflügel erhalten. 1789 wurde mit der Errichtung des Nordflügels begonnen. Die Kapelle, die von der Gemeinde der Christuskirche Bad Wilhelmshöhe genutzt wird, ist heute ein beliebter Ort für kirchliche Trauungen.

The chapel in the Wilhelmshoehe palace is the only historical room in the church wing still in its original state. Today, the chapel used by the church community of the Christuskirche Bad Wilhelmshoehe is a popular location for marriages.

La chapelle du château Wilhelmshoehe reste la seule pièce d'origine du château dans l'aile de l'église. C'est en 1789 que débuta la construction de l'aile nord. La chapelle, lieu de culte de l'Eglise du Christ de Bad Wilhelmshoehe est un endroit réputé pour les cérémonies religieuses du mariage.

Der Bergpark ist auch im Winter ein beliebtes Ziel für Spaziergänger und Sportler. Wenn genügend Schnee liegt, rodeln Hunderte von Menschen den Schlossberg hinab. Der zugefrorene Lac wird zum Paradies für Schlittschuhläufer.

The Bergpark is also a popular location for walkers and athletes in winter. When there is enough snow hundreds of people sledge down the Schlossberg. The frozen Lac turns into a paradise for ice skaters.

Le Bergpark est également apprécié en hiver par les promeneurs et les sportifs. Lorsqu'il y a assez de neige, des centaines de personnes se laissent glisser sur ses pentes. Le lac, alors recouvert de glace, devient le paradis des adeptes de patin à glace.

Staatliche
Museen

Das Ballhaus

Das Ballhaus wurde als Hoftheater in der Regierungszeit von Jérôme Bonaparte – von den Kasseler Bürgern König Lustik genannt – durch den Münchner Architekten Leo von Klenze errichtet. Vom Baubeginn im Frühjahr 1810 vergingen gerade einmal neun Monate, bis im Oktober bereits die ersten Theaterstücke aufgeführt werden konnten.

The Ballhaus

The Ballhaus was built by the architect Leo von Klenze from Munich as a palace theatre during Jérôme Bonaparte's regency who was called King "Lustik" by the citizens of Kassel. It only took nine months from the beginning of the construction in spring 1810 until the first performances were held in October.

La salle de bal

La salle de bal fut agencée en cour de théâtre par l'architecte munichois Leo Von Klenze sous le règne de Jérôme Bonaparte,– que les habitants avaient surnommé le «Roi Drôle». Il s'écoula exactement 9 mois entre le début de travaux entrepris au printemps 1810 et les premières représentations de pièces de théâtre qui purent avoir lieu au mois d'octobre.

Ballhaus innen: Die prachtvolle Innenausstattung hat das Ballhaus zu einem Ort für besondere Anlässe gemacht. Kurfürst Wilhelm II. hatte 1828 den Kasseler Architekten Johann Conrad Bromeis mit dem Umbau des Hauses in einen „Tanzsaale für das Publicum" beauftragt. Kaiser Wilhelm II. hingegen nutzte das Ballhaus für die körperliche Ertüchtigung. Er soll hier Tennis gespielt haben.

Ballhaus interior view: the magnificent interior design has turned the Ballhaus into a location for special occasions. The elector Wilhelm II of Hesse-Kassel ordered the transformation of the theatre into the "Tanzsaale für das Publicum" through the architect Johann Conrad Bromeis. The emperor Wilhelm II however used the Ballhaus for physical training. He is supposed to have played tennis in this building.

Salle de bal : le magnifique agencement intérieur en fait un endroit réservé pour les occasions spéciales. Le Prince Guillaume I chargea en 1828 l'architecte de Kassel, Johan Conrad Bromeis de la transformer en «une salle de danse pour le public». L'Empereur Guillaume II, au contraire, utilisa cette salle pour l'éducation physique. Il y aurait joué au tennis …

Die Schlosswache

Als Schlosswache wurde das heutige Café an der Tulpenallee nach Plänen des Hof-Architekten Johann Conrad Bromeis zwischen 1824–1826 erbaut. In den roten Ziegelbau mit dorischen Säulen zog in den 1950er-Jahren das Schlosscafé ein.

The Schlosswache

Nowadays the cafe in the Tulpenallee, the former guard-house of the palace was built in 1824–1826 according to plans of the court architect Johann Conrad Bromeis. In the 1950ies the cafe moved into this brick building with Doric columns.

La garde du palais

L'actuel Café situé sur l'allée des Tulipes fut construit par l'architecte de la Cour Johann Conrad Bromeis entre 1824 et 1826 et servit de garde du Palais. C'est dans les années 50 que le Café du Château (Schloss-Café) s'installa dans le bâtiment couvert de tuiles rouges, aux colonnes doriques.

Das Schlosshotel

Das im Jahr 1829 in Auftrag von Kurfürst Wilhelm II. errichtete Schlosshotel brannte im Zweiten Weltkrieg völlig aus. Nach Plänen des Kasseler Architekten Paul Bode, Bruder des documenta-Gründers Arnold Bode, wurde es 1955 neu eröffnet und erlangte 1970 große Bekanntheit, als hier am 21. Mai die innerdeutschen Gespräche zwischen Bundeskanzler Willy Brandt und dem DDR-Ministerratsvorsitzenden Willy Stoph stattfanden.

The Palace Hotel

The Palace Hotel, built in 1829 by the elector Wilhelm II, was completely destroyed by fire during the Second World War. It was renovated according to plans of Kassel's architect Paul Bode, a brother of the documenta founder Arnold Bode. It reopened in 1955 and became famous in 1970 as the location where the inner German negotiations were held between the German chancellor Willy Brandt and the president of the Democratic Republic of Germany Willy Stoph on May 21.

L'hôtel du Château

L'hôtel du Château dont la construction fut ordonnée en 1829 par le Prince Guillaume II, fut totalement détruit par un incendie au cours de la Seconde Guerre Mondiale. C'est d'après les plans de l'architecte de Kassel Paul Bode, frère de Arnold Bode, fondateur de la Documenta, qu'il rouvrit en 1955 et devint célèbre en 1970 lorsque eurent lieu ici le 21 mai les entretiens germano-allemands entre le Chancelier Willy Brandt et le Président du Conseil des ministre de la R.D.A. Willy Stoph.

Der Marstall

Der Marstall wurde 1791 errichtet und 1820 erweitert. Beim Bau wurde Material verwendet, das beim Abriss des Jagdschlosses Weißenstein angefallen war.

The Marstall

The Marstall was built in 1791 to which new sections were added in 1820. The chosen building material were remainders of the former hunting lodge Weissenstein.

Les écuries

Elles furent construites en 1791 et agrandies en 1820. On utilisa pour leur construction des matériaux résultant de la démolition du Pavillon de Chasse Weissenstein.

Als Krönung wurde dem Marstall das Renaissance-Dachtürmchen des abgerissenen Jagdschlosses aufgesetzt.

The clock, attached at the Marstall's gable, originates from the former Schloss Weissenstein.

La montre incrustée dans le fronton des Ecuries provient de l'ancien château Weissenstein.

Die im Giebel angebrachte Uhr des Marstalls stammt von dem einstigen Weißensteiner Schloss.

As a highlight the small tower in Renaissance style of the demolished hunting lodge was put up on the top of the Marstall.

La tourelle de style Renaissance provenant du Pavillon de Chasse qui a été détruit, est venue couronner les écuries.

Das Gewächshaus

Das Gewächshaus mit seiner für die damalige Zeit besonderen Stahl-Glas-Konstruktion wurde in den Jahren 1822/1823 vom Hofarchitekten Johann Conrad Bromeis im Auftrag Kurfürst Wilhelms II. errichtet. Im Gewächshaus sind etwa 230 einheimische und exotische Pflanzenarten und -sorten untergebracht, die zum Teil im Park übersommern.

The glasshouse

The glasshouse with the exceptional steel glass construction in regards to its building time was erected by the architect Johann Conrad Bromeis, assigned by the elector Wilhelm II in 1822/1823. The glasshouse comprises approximately 230 native and exotic plant species partly on display outside in the park during summer.

La serre

La serre, dont la construction d'acier et de verre très particulière pour l'époque, fut construite entre 1822 et 1823 par l'architecte de la Cour Johann Conrad Bromeis sur les ordres de Guillaume II. Dans cette serre sont cultivées quelques 230 variétés locales et exotiques de plantes dont certaines finissent leur floraison dans le Parc durant l'été.

Magnolienpracht vor dem Gewächshaus: Der Bergpark ist berühmt für seinen Baum- und Pflanzenreichtum aus der ganzen Welt; etwa 500 Baum- und Straucharten, Stauden sowie über 1000 Rosensorten sind zu bewundern. Mit der Gestaltung des Parks wurde nach dem Siebenjährigen Krieg im Jahr 1763 begonnen.

Magnolia in flower in front of the glasshouse: The Bergpark is well known for its diversity of trees and plants; the visitor's delight are roundabout 500 tree and bush species from all over the world and more than 1000 different rose species.

La splendeur des magnolias : le Bergpark est réputé dans le monde entier pour la riche variété d'arbres et plantes. On pourra s'émerveiller devant environ 500 arbres, plantes vivaces, espèces arbustives, comme devant le millier de variétés de roses. La création du parc commença en 1763, après la Guerre de 7 ans.

Die Halle des Sokrates

Zwischen 1813 und 1816 wurde die Halle des Sokrates, eine halbkreisförmige Säulenhalle auf dem Bowlinggreen oberhalb des Schlosses, von Heinrich Christoph Jussow erbaut.

The hall of Sokrates

From 1813–1816 the hall of Sokrates, a half circular hall of pillars on the bowling green above the palace was built by Heinrich Christoph Jussow.

La halle de Socrate

Entre 1813 et 1816 fut construite la Halle de Socrate, salle de colonnes et de forme semi-circulaire sur la pelouse au dessus du château par Heinrich Christoph Jussow.

Der Apollotempel

Der Apollotempel am Fontänenteich wurde 1817–1818 von Heinrich Christoph Jussow erbaut. Der einst stark verwitterte Rundtempel mit Kuppel wurde durch eine Spendenaktion der Deutsch-Griechischen Gesellschaft und durch Mittel des Landes Hessen saniert.

The Apollo temple

The Apollo temple next to the pond of fountains (Fontaenenteich) was built in 1817–1818 by Heinrich Christoph Jussow. The severely weather-beaten round temple with its dome was renovated due to fund raising activities of the German-Greek Society and financial support through the state of Hesse.

Le temple d'Apollon

Le temple d'Apollon de l'Etang de fontaines fut également construit par Heinrich Christoph Jussow. Le temple circulaire fortement endommagé fut restauré grâce à une collecte de fonds de la communauté gréco-allemande et par les fonds de l'Etat de Hesse.

Die Wasserspiele

Über 50 Meter hoch steigt die große Fontäne aus dem Fontänenteich, der zwischen 1789 und 1790 künstlich angelegt wurde. Die historischen Wasserkünste, entstanden unter der Regentschaft Landgraf Karls, beginnen am Fuße des Herkules. Von dort fließen ungefähr 750 Kubikmeter Wasser bis zum Fontänenteich. Die Wasserspiele finden vom 1. Mai bis 3. Oktober mittwochs, sonntags und an Feiertagen statt.

The Wasserspiele

From the pond of fountains the centre fountain mounts up to 50 metres in the air. It was created in 1789–1790. The historical Wasserkuenste, created during the regency of landgrave Karl, commence at the bottom of the Hercules monument. This is from where approximately 750 cubical metres of water flow down to the pond of fountains. The Wasserspiele are a regular event between May 1 and October 3 every Wednesday, Sunday and on public holidays.

Les jeux d'eau

C'est de plus de 50 mètres de hauteur que jaillit la grande fontaine de l'étang qui fut artificiellement créé entre 1789 et 1790. Les fontaines historiques produites sous le règne du Prince Karl commencent aux pieds de la statue de Hercule. C'est de là que coulent environ 750 m^3 d'eau jusqu'à l'étang de fontaines. Le spectacle des Jeux d'eau a lieu du 1er mai au 3 octobre, les mercredis et dimanches ainsi que les jours fériés.

Die Wasserkünste funktionieren wie vor über 200 Jahren ohne moderne Technik. Das Wasser, das für das feuchte Spektakel im Bergpark sorgt, kommt vom Essigberg, aus dem Wasserlauf der Drusel und aus dem Grubenwasser der Zeche Herkules. Vom Fontänenteich läuft es unterirdisch in den Lac ab.

The Wasserkuenste are still working without modern technology like they already did more than 200 years ago. The water for the spectacular show at the Bergpark originates from the Drusel river at the Essigberg and from the mining pit of the Hercules quarry. It drains off underground into the Lac.

Les fontaines et jeux d'eau fonctionnent comme il y a 200 ans, sans technologie moderne. L'eau qui assure le spectacle humide du Parc de Montagne, arrive de la montagne Essig, du cours d'eau la Drusel (affluent de la rivière Fulda) et de l'eau de mines du puits de Hercule. Elle s'écoule de façon souterraine de l'étang vers le lac.

43 Meter fällt das Wasser hier in die Tiefe. Der Aquädukt ist eine Nachahmung einer römischen Wasserleitung und wurde von 1788–1792 unter Heinrich Christoph Jussow geplant und gebaut.

This is a waterfall of 43 metres. The aqueduct is a replica of a Roman water conduit and was planed and built in 1788–1792 by Heinrich Christoph Jussow.

La chute d'eau mesure 43 mètres. L'aqueduc est une imitation d'une canalisation romaine, il a été planifié puis construit entre 1788 et 1792 par Heinrich Christoph Jussow.

Das Geländer der Teufelsbrücke, unter der das Wasser zehn Meter tief in den „Höllenteich“ fällt, bestand ursprünglich aus Holz. 1826 wurde das Gitter der Brücke durch die Kasseler Firma Henschel, die weltberühmt für den Bau von Lokomotiven war, in Eisen gegossen. Ihre Namen bekamen Brücke und Teich aus der griechischen Mythologie. Pluto, der Gott der Unterwelt, bewohnt in Nachbarschaft der Brücke seine Grotte.

The handrail of the devil's bridge from where the waterfall drops over 10 metres into the Hoellenteich was originally made of wood. In 1826 the fence of the bridge was cast in iron by the local company Henschel, well known all over the world for its construction of railway locomotives. The bridge and the pond owe their name to the Greek mythology. Pluto, the god of the underworld, inhabits a grotto next to the bridge.

La rampe du Pont du Diable, sous laquelle l'eau tombe de 10 environ dans l'Etang de l'Enfer était à l'origine en bois. En 1826 c'est la firme de Kassel, Henschel, mondialement connue pour la construction de locomotives, qui coula l'armature en fer du pont. Les ponts et étangs se virent attribuer des noms issus de la mythologie grecque. Pluton, dieu du monde souterrain habite dans le voisinage du pont, dans sa grotte.

Der Steinhöfer Wasserfall

Der imposante Steinhöfer Wasserfall ist eines der Glanzstücke der Wasserspiele. Er wurde nach den Plänen des Brunneninspektors Karl Steinhöfer in den Jahren 1792 bis 1793 angelegt. Das Wasser aus der Drusel läuft den mit Basaltfelsen befestigten Hang hinab.

The Steinhoefer waterfall

The impressive Steinhoefer Wasserfall is one of the masterpieces of the Wasserspiele. It was built to plans of the surveyor of the fountains Karl Steinhoefer in 1792–1793. The water from the Drusel runs down the slope over basalt rocks.

La chute d'eau Steinhoeffer

L'imposante chute d'eau Steinhoeffer est un des chefs d'œuvre des jeux d'eau. Elle a été créée entre 1792 et 1793 d'après les plans de l'inspecteur des Sources Karl Steinhoeffer. L'eau qui arrive de la rivière Drusel, ruisselle le long de roche basaltique, qui a été consolidée.

Auch wenn in den Wintermonaten hier keine Wasserspiele zu sehen sind, bieten Schnee und Eiszapfen unterhalb der Teufelsbrücke einen bezaubernden Anblick.

Even though during the winter months the Wasserpiele are not supplied, snow and icicles turn the devil's bridge into a mesmerising location.

Même durant les mois d'hiver, alors qu'on ne peut voir aucune fontaine, la neige et les cristaux de glace sous le Pont du Diable assurent un spectacle féerique.

K4 Bergsee Asch
Löwenburg
Str.B.Wilhelmshöhe 3,0km

Bis zu zwölf Meter in die Luft ragt die Fontäne im Neptun-Bassin, in dem sich auch Goldfische tummeln. Wenn die Wassermassen die letzte Etappe der barocken Spiele erreichen, verschwindet die Statue des Meeresgottes Neptun hinter einem Wasservorhang.

The fountain in the Neptune basin which also contains gold fish, mounts up to 12 metres. As the water masses reach the last part of the baroque cascades they hide the Neptune statue behind a curtain of water.

La fontaine du bassin de Neptune – où s'ébattent des carpes dorées-s'élève dans les airs jusqu'à 12 mètres. Quand l'énorme volume d'eau attaque la dernière phase des jeux baroques, la statue du dieu de la mer, Neptune disparaît derrière un écran d'eau.

Ein Zentaur kündigt die Flut am Neptunbecken mit einem Horn an.

A centaur announces high tide at the Neptune basin with a foghorn.

Un centaure annonce l'arrivée de l'eau au bassin de Neptune avec une corne.

Landgraf Karl beauftragte den italienischen Architekten Francesco Guerniero im Jahr 1701 nicht nur mit dem Herkules-Bauwerk, sondern auch mit dem Bau der Kaskaden. Am 3. Juni 1714 wurden die 250 Meter langen und neun Meter breiten Kaskaden eingeweiht. Seitdem fließt das Wasser von der Vexierwassergrotte am Herkules bis zum Neptunbecken am Ende der Kaskaden. Unter Landgraf Wilhelm IX. – später Kurfürst Wilhelm I. – wurden die Wasserspiele über den gesamten Park erweitert. Er ließ Wasserfälle und Teiche, Bäche und Wassersprünge, einen See und das Aquädukt bauen.

In 1701 landgrave Karl charged the Italian architect Francesco Guerniero with both the Hercules edifice and the construction of the cascades. On July 3 in 1714 the cascades of 250 metres of length and nine metres of width were inaugurated. Ever since the water has been flowing from the Vexierwassergrotte next to the Hercules monument down to the Neptune basin at the end of the cascades. Landgrave Wilhelm IX – later elector Wilhelm I of Hesse-Kassel – initiated the expansion of the Wasserspiele throughout the entire park. He arranged cascades, ponds, a creek and fountains, a lake and the aqueduct to be built.

Le Landgrave Karl chargea l'architecte italien Francesco Guerniero en 1701 de réaliser, non seulement le chantier de construction de Hercule, mais aussi de la construction des cascades. C'est le 3 juin 1714 que furent inaugurées les cascades longues de 250 mètres et larges de 9 mètres. Depuis cette époque l'eau s'écoule donc de la VexierWasserGrotte (Hercule) jusqu'au bassin de Neptune au bout de la cascade. Sous le règne du Landgrave Guillaume IX, futur roi Guillaume I, les jeux d'eau et cascades furent étendus à tout l'ensemble du Parc. Il fit construire des cascades et étangs, des bassins et jets d'eau, un lac et l'aqueduc.

Das Dackelgrab

Als Kaiser Wilhelm II. seine Sommerferien im August 1901 auf Schloss Wilhelmshöhe verbrachte, starb sein geliebter Dackel Erdmann. Auf der Roseninsel wurde der elf Jahre alte Teckel begraben. Ein Gedenkstein erinnert an den vierbeinigen Freund des letzten deutschen Kaisers: „Andenken an meinen treuen Dachshund Erdmann/1890–1901/W II."

The Dackelgrab

During his holidays at the Wilhelmshoehe palace the emperor Wilhelm's dog "Erdmann" died in August 1901. The nine year old Teckel was buried on the Roseninsel. A memorial stone reminds of the last German emperor's four legged friend: "In memory of my loyal dachshund Erdmann/1890–1901/W II."

La tombe du teckel

Alors que l'Empereur Guillaume II passait ses vacances d'été en août 1901 au château Weissenstein, son chien adoré Erdmann mourut. Le teckel, âgé de 11 ans fut enterré sur l'île des roses. Une pierre commémorative nous rappelle l'ami à 4 pattes du dernier empereur allemand : «A la mémoire de mon fidèle teckel Erdmann/1890–1901/W II.».

Die Löwenburg

Als Burgen längst aus der Mode waren, entstand zwischen 1793–1800 nach den Entwürfen von Heinrich Christoph Jussow die Löwenburg, die Nachahmung einer mittelalterlichen englischen Ritterburg. Landgraf Wilhelm IX., der spätere Kurfürst, ließ sie als Burgruine errichten. Die Löwenburg diente ihm und seiner Mätresse als Wohnsitz. Der Kurfürst wurde 1821 in einer Gruft unter der Burgkapelle bestattet.

The Loewenburg

The Loewenburg was built from 1793–1800 by Heinrich Christoph Jussow at a time when castles were long out of fashion. It is a replica of a late medieval English knight's castle. The landgrave Wilhelm IX, later elector, had it built as a castle ruin. The Loewenburg was his and his mistress' domicile. The elector was buried in a crypt underneath the castle's chapel in 1821.

La château Fort du Lion

Alors que les châteaux forts étaient depuis longtemps passés de mode, Heinrich Christoph Jussow érigea entre 1793 et 1800 le Château du Lion, imitant le château médiéval anglais de Ritterburg. Le Landgrave Guillaume IX, futur Electeur le laissa tomber en ruines. Le château du Lion lui servit de résidence ainsi qu'à ses maîtresses. L'Electeur fur enterré dans un tombeau situé sous la chapelle du château en 1821.

Die Löwenburg

Loewenburg

La château du lion

Löwenburg-Tor: Das Tor zur Löwenburg konnte die Angreifer im Zweiten Weltkrieg nicht aufhalten. Bis ins Jahr 1945 flog die Royal Air Force immer wieder Angriffe auf die für die Rüstungsindustrie wichtige Stadt Kassel. Dabei wurden der Bergfried und weite Teile der Burg zerstört. Bis zum Jahr 2014 soll die Burgruine Stück für Stück für über 27 Millionen Euro saniert werden.

The Loewenburg Tor: The entrance to the Loewenburg could not stop the invaders during the Second World War. Until 1945 the Royal Airforce led air attacks against the city of Kassel as it was an important location of the defence industry. This is when the keep and large parts of the castle were destroyed. It is planned to restore the castle ruin step by step for 27 million Euro until 2014.

La porte du château du Lion : la porte d'accès au château ne résista pas aux attaquants durant la Seconde Guerre Mondiale. Jusqu'en 1945 la Royal Air Force multiplia ses raids sur la ville de Kassel, place forte de l'Industrie de l'Armement. C'est ainsi que furent détruits le donjon et de nombreuses parties du château. La rénovation s'achèvera en 2014, la reconstruction pièce par pièce dépassera la somme de 27 millions d'Euros.

Ursprünglich war nur der Bau einer Turmruine mit einem Nebengebäude geplant. Schließlich wurde eine komplette Burganlage errichtet, die sich um einen Innenhof gruppiert.

Primordially only the construction of the keep ruin and a side building were planned but finally the entire castle complex was built around an inner courtyard.

Cours intérieure du château du Lion : à l'origine il fut seulement prévu de construire une tour avec une dépendance. Mais finalement il fut construit un château fort complet avec une cour intérieure.

Das chinesische Teehaus

Das chinesische Dorf Mulang wurde ab 1782 unter Landgraf Friedrich II. von Simon Louis du Ry gebaut und unter Wilhelm IX. erneuert und erweitert. Die chinesische Pagode steht am südöstlichen Rand des Bergparks auf dem Hang oberhalb des Lacs und verbreitet bis heute einen Hauch Asiens.

The Chinese tea house

Under the regency of landgrave Friedrich II Simon Louis du Ry commenced the construction of the Chinese village Mulang in 1782 by which was renovated and extended under Wilhelm IX. The Chinese pagoda is situated at the south-eastern border of the Bergpark on a slope above the Lac and still indulges a hint of Asia.

La maison de thé chinoise

Le village chinois Mulang fut construit à partir de 1782, sous Friedrich II par Simon Louis de Ry et rénové et agrandi sous Guillaume IX. La pagode chinoise se situe sur le versant sud-est du parc de la montagne, au dessus du lac et apporte jusqu'à nos jours une touche asiatique.

Der Lac

Das Wasser der Wasserspiele fließt vom Fontänenteich über künstlich angelegte Wasserfälle zum Schlossteich, dem Lac, der zwischen 1785 und 1791 von Heinrich Christoph Jussow angelegt wurde. Es war im 18. und 19. Jahrhundert sehr beliebt, französische Bezeichnungen zu verwenden. So kam der See unterhalb des Schlosses zu seinem Namen.

The Lac

The water of the Wasserspiele flows from the pond of fountains over artificially built cascades down into the palace lake, the Lac, which was built from 1785–1791 by Heinrich Christoph Jussow. In the 18th and 19th century French names were much in fashion. This is how the lake got its name.

Le Lac

L'eau des jeux d'eau coule de l'étang de fontaines sur des cascades artificiellement créées jusqu'à l'étang du château, appelé le Lac, qui a été ajouté entre 1785 et 1791 par Heinrich Christoph Jussow. Il était très apprécié au cours des 18 et 19e siècles d'attribuer des noms français. C'est ainsi que fut nommé le lac en contrebas du château.

Mit der Straßenbahnlinie 1 kann man vom IC-Bahnhof bis zur Endstation Wilhelmshöhe (Park) fahren. Von dort aus benötigt man etwa zehn Minuten zu Fuß bis zum Schloss. Neben der Endhaltestelle steht das historische Stationsgebäude, in dem Besucher Informationen über die Sehenswürdigkeiten im Bergpark erhalten.

The tram line 1 takes the visitors from the Intercity railway station to the terminus Wilhelmshoehe (Park). From there it is a ten minute walk to the palace. Next to the terminus there is the station building where visitors can retrieve information about the sights at the Bergpark.

Arrêt du tramway : on peut rallier par la ligne 1 la gare IC jusqu'au terminus de Wilhelmshoehe (parc). A partir de là il ne reste que 10 minutes de marche jusqu'au château. A côté du terminus se tient le bâtiment historique de la gare où les visiteurs peuvent obtenir toutes les informations concernant les attractions du Berg Park.

Blick über Lac zum Schloss: Vom Lac aus hat man einen herrlichen Blick auf das Schloss und das benachbarte Ballhaus.

View from the Lac towards the palace: There is a marvellous view from the Lac towards the palace and the Ballhaus.

Vue du lac sur le château : on a une vue magnifique du lac sur le château et la Salle de Bal juste à côté.

Der Herkules

Der Herkules, das Wahrzeichen Kassels, thront seit 1717 auf dem Gipfel des Karlsbergs in etwa 550 Meter Höhe über der Stadt. Bei seiner Italienreise im Jahr 1699 fasste Landgraf Karl den Entschluss, den Karlsberg nach Vorbild italienischer Terrassengärten gestalten zu lassen. Der italienische Baumeister Giovanni Francesco Guerniero setzte die Idee des Landgrafen um.

The Hercules monument

Since 1717, the Hercules monument, emblem of Kassel, stands on top of the Karlsberg summit at an altitude of 550 metres above the city. In 1699 during his travels to Italy landgrave Karl decided to create typical Italian terraced gardens on the Karlsberg. The Italian builder Giovanni Francesco Guerniero implemented those plans.

La statue d'Hercule

La statue d'Hercule, emblème de la ville de Kassel, trône depuis 1717 au sommet du Karlsberg, à environ 500 mètres au-dessus de la ville. Lors de son voyage en Italie en 1699, le Landgrave Karl prit la décision de transformer le Karlsberg en jardin en terrasses, d'après le modèle des jardins italiens. Le maître d'œuvre Giovanni Francesco Guerniero concrétisa l'idée du Landgrave.

Wind, Wetter und die Zeit haben ihre Spuren an Kassels Wahrzeichen hinterlassen. Zur Zeit steckt das Land Hessen rund 29 Millionen Euro in die Sanierung des Herkules-Bauwerks. Rund 500 000 Euro hat die Kasseler Bevölkerung für die Restaurierung gespendet. Die statische Sicherung des porösen Tuffstein-Mauerwerks der Pyramide, auf der die Figur steht, stellt dabei eine besondere Herausforderung dar.

The elements and time have left their marks on the emblem of Kassel. At present the state of Hesse is investing around 29 million Euro into the restoration of the Hercules for which only the citizens of Kassel donated 500,000 Euro. The statical reinforcement of the porous tuff brickwork of the Herkules base pyramid is particularly challenging.

Le vent, le froid et le temps ont laissé leur empreinte sur les symboles de Kassel. Jusqu'à présent l'Etat de Hesse a investi 29 millions d'Euros dans leur rénovation. La population de Kassel a fait don de 500 000 Euros pour la restauration. Le renforcement des fondations des murs de tuf poreux de la pyramide sur laquelle se dresse la statue, est un défi en soi.

Der Halbgott aus Kupfer ist 8,30 Meter groß, seine Keule misst 4,70 Meter. Zwischen 1714–1717 trieb der Augsburger Goldschmied Johann Jacob Anthoni im Kasseler Messinghof die Kupferplatten für die Statue.

The bronze demigod measures 8.30 metres, his club 4.70 metres. In 1714–1717 Johann Jacob Anthoni, goldsmith from Augsburg, embossed the copper panels for the statue at the Messinghof in Kassel.

Le demi-dieu en cuivre mesure 8,30 mètres et s'appuie sur un club (canne) de 4,70 mètres. Entre 1714 et 1717 l'orfèvre de la ville de Augsburg, Johann Jacob Anthoni coula les feuilles de cuivre dans les fonderies de Kassel pour recouvrir la statue de Hercule.

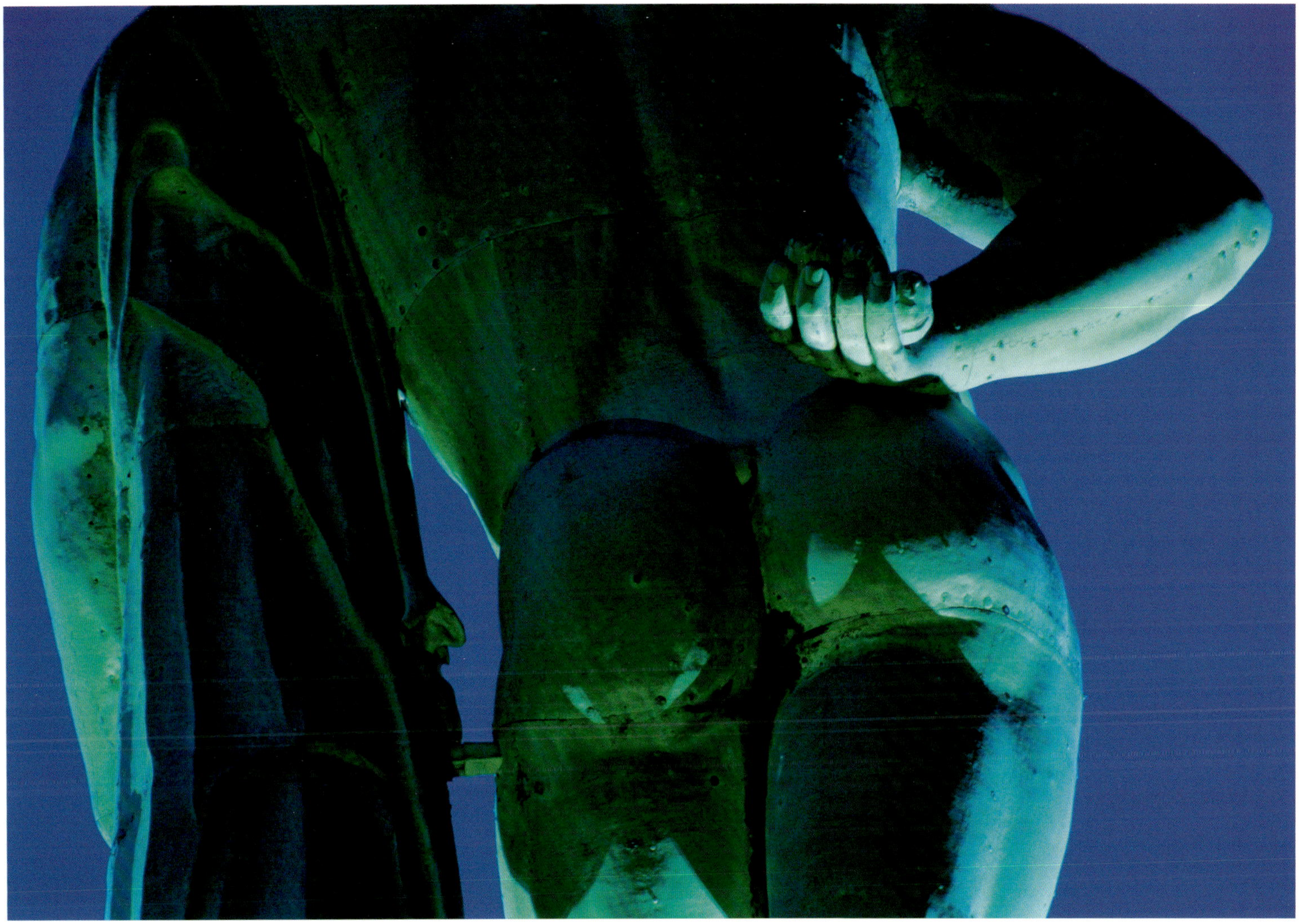

Der Held aus Bronze wurde mit den Insignien zweier seiner zwölf Heldentaten ausgestattet. Mit der Keule, auf die er sich stützt, erschlug er den Nemeischen Löwen (erste Aufgabe). Hinter dem Rücken trägt er in der rechten Hand die Äpfel der Hesperiden (elfte Aufgabe).

The bronze hero was fitted with the insignia of two of his twelve heroic deeds. With the club he is leaning on he stroke dead the Nemean lion (first deed). Behind his back he is hiding the apples of the Hesperides in his right hand (eleventh deed).

Le héros de bronze a été décoré de 2 insignes de ses 12 travaux. Avec la canne, sur laquelle il s'appuie, il a vaincu le Lion de Némée (premier travail). Dans son dos, il tient dans sa main droite les pommes des Hespérides (onzième travail).

Das gesamte Herkules-Bauwerk ist 71 Meter hoch. Von der großen Aussichtsplattform hat man einen herrlichen Blick weit über den Bergpark, das Schloss und die gesamte Stadt.

The entire Hercules monument measures 71 metres of height. There is a fantastic view from the lookout platform over the Bergpark, the palace and the city.

La hauteur totale de l'ensemble de l'édifice de la statue d'Hercule est 71 mètres. Du haut de l'immense plate-forme on a une vue panoramique sur l'ensemble du Bergpark, le château et toute la ville.

Um die Gäste des Bergparks gebührend empfangen zu können, wurde am Herkules ein Besucherzentrum errichtet. Der 3,57 Millionen Euro teure Neubau aus Sichtbeton nimmt außen mit grober Reliefstruktur das poröse Felsgestein des Herkules auf. Aus dem Innern wird man durch ein Panoramafenster auf den Helden und das Oktogon blicken.

The visitor centre at the Hercules monument was built to duly welcome to the visitors of the Bergpark. The coarse relief pattern on the outside of the new building made of fair-faced concrete cost 3.57 Million Euro and refers back to the porous rock of the Herkules. From the inside the visitors look through a picture-window onto the hero and the Octogon.

(Panneau du centre d'accueil) : afin de pouvoir accueillir les visiteurs payants du Bergpark, un centre d'accueil a été construit. Le bâtiment neuf, érigé pour un montant de 3,57 millions d'Euros, est construit en béton brut et rappelle par sa structure en relief la roche poreuse de la Statue d'Hercule. De l'intérieur, à travers une baie vitrée on a une vue sur le héros et l'Octogone.

Vom Herkulesparkplatz führen viele Wanderwege zu Ausflugszielen im Habichtswald.

There are many walks leading from the Herkules carpark to various destinations in the Habichtswald.

En partant du parking de la statue de Hercule, les promeneurs ont de nombreuses possibilités d'excursions dans le Habichtswald (forêt).

Schauspiel mit Licht und Wasser: Zwischen Juni und September finden die beleuchteten Wasserkünste jeden ersten Samstag im Monat statt. Bestandteil der beleuchteten Wasserspiele ist auch die Illumination der historischen Bauwerke.

A show of light and water: Between June and September the illuminated Wasserspiele take place on every first Saturday of the month. Part of the luminous Wasserspiele is also the illumination of the historical buildings.

Spectacle sons et lumière : entre juin et septembre, ont lieu, chaque premier samedi du mois, des jeux d'eau illuminés. Dans le même temps on peut également admirer l'éclairage des bâtiments historiques.

Weitere Bücher aus dem Wartberg Verlag für Kassel

Jörg Lantelmé/Jürgen Nolte
Kassel auf den ersten Blick
32 S., geb., zahlr. Farbfotos
ISBN 978-3-8313-2107-0

Jörg Lantelmé/Jürgen Nolte
documenta-Stadt Kassel
72 S., geb., zahlr. Farbfotos
ISBN 978-3-8313-1439-3

Sabine Köttelwesch
Kassel gestern und heute
Gegenüberstellungen
zeigen den Wandel
64 S., Großformat, geb.,
zahlr. Farb- und S/w-Fotos
ISBN 978-3-8313-1671-7

Attila Jo Ebersbach
Der Tod kam um zwei
Ein Kassel-Krimi
350 S., kart.
ISBN 978-3-8313-2355-5

Wartberg GmbH & Co. KG Bücher für Deutschlands Städte und Regionen
Im Wiesental 1 | 34281 Gudensberg Tel. 05603-93050 | Fax 05603-930528
www.wartberg-verlag.de **www.kindheitundjugend.de**